Inhalt

Branchenreport IT, ELEKTRONIK, TELEKOMMUNIKATION Ausgabe 2/2011

GENIOS BranchenWissen Nr. 11 vom 14.11.2011

Branchenreport IT, ELEKTRONIK, TELEKOMMUNIKATION Ausgabe 2/2011

Kerstin Werth

Kernthesen

- Besonders durch die inländische Nachfrage geht es der deutschen Elektroindustrie derzeit noch gut, doch die Stimmung verschlechtert sich.
- Die ITK-Branche bleibt ein wichtiger Pfeiler der deutschen Wirtschaft und erwartet weiterhin steigende Umsätze.
- In der Elektronikindustrie dreht sich fast alles um Vernetzung.

Beitrag

Elektroindustrie: Inlandsnachfrage zuletzt stark

Die Nachfrage aus dem In- und Ausland in der Elektroindustrie ist in den ersten acht Monaten um sechs Prozent gegenüber dem Vergleichszeitraum 2010 gestiegen. Zudem wuchs das Auftragsvolumen um 13 Prozent. Den Löwenanteil trug dabei das Inland bei. Im Zeitraum Januar bis August 2011 wuchsen darüber hinaus die Umsätze um rund zehn Prozent gegenüber dem Vorjahreszeitraum auf 113,1 Milliarden Euro. (Gesamtjahr 2010 rund 163,8 Milliarden Euro). Die Produktion stieg sogar um 20 Prozent gegenüber dem Vorjahresmonat. An die kommenden sechs Monate knüpfen jedoch erstmals seit zwei Jahren mehr Unternehmen schlechte Erwartungen als gute. (1)

Information und Telekommunikation: Stütze der deutschen Gesamtwirtschaft

Dass Deutschland derzeit noch nicht vor einer neuen

Rezession steht, hat es unter anderem der ITK-Branche zu verdanken. Drei Viertel der Anbieter erwarten auch im dritten Quartal 2011 steigende Umsätze gegenüber dem Vorjahrszeitraum. Die Auftragslage ist sehr gut, besonders bei Anbietern von Software und IT-Dienstleistungen. Unter den Hardwareherstellern sagen trotz Preisverfalls ebenfalls 63 Prozent höhere Umsätze voraus. (3)

Grund für den Aufschwung ist wohl, dass die Kunden der Branche ihre Investitionsrückstände aus dem Jahr 2009 ausgleichen. Das Wachstum in der ITK-Branche wird wesentlich von den Trendbereichen Mobilität, insbesondere mobile Arbeitsplätze und Cloud Computing getragen. Ein Problem und Wachstumshemmnis im Cloud Computing ist noch immer die Frage nach Sicherheit und Datenschutz. (4)

Elektronikindustrie: Seltene Erden werden knapp

In der Elektronikbranche werden die dringend benötigten Seltenen Erden knapp. Die Erzeugerländer, beispielsweise China, treiben die Preise durch Exportbeschränkungen für immer mehr Rohstoffe hoch. Dazu zählen Kupfer, Eisenerz und Zinn, aber auch ein Stoff namens Neodym. China wurde bereits von der WTO gerügt - doch selbst, wenn die

Chinesen mehr Seltene Erden liefern, bleibt das Abhängigkeitsverhältnis doch bestehen, insbesondere, da der Bedarf etwa durch das Wachstum bei der Elektromobilität rasant steigt. (30)

Die Umsätze in der Konsumentenelektronik, insbesondere bei Fernsehern, leiden unterdessen unter einem großen Preisdruck. Schon für das laufende Jahr geht der Branchenverband Bitkom von einem Umsatzrückgang von fünf Prozent aus. 2012 soll er mit minus 1,5 Prozent immerhin moderater ausfallen. Grund sind die Marktsättigung und fehlende Großereignisse wie etwa im Fußball 2010. (31)

Weltmarkt: China und Südamerika gewinnen weiter an Bedeutung

Der Außenhandel der Elektroindustrie erlebt weiterhin einen Aufschwung. Zwischen Januar und August dieses Jahres wuchs der Export insbesondere in die BRICS-Staaten (Brasilien, Russland, Indien, China, Südafrika) deutlich um insgesamt 23 Prozent. (2), [Abb.1]

In der Unterhaltungselektronik erwies sich das zweite

Halbjahr deutlich besser als das erste. Weltweit wird ein Markwachstum von sechs Prozent erwartet. Die aufstrebenden Staaten China und in Südamerika gewinnen als Absatzmärkte weiter an Bedeutung. Die meisten Produkte werden noch nach Europa exportiert, doch dahinter folgen gleich Südamerika mit einer prognostizierten Absatzsteigerung um 27 Prozent, der Nahe Osten plus Afrika (15 Prozent Wachstum) und China (9 Prozent). (29)

Die wichtigsten Unternehmen

Sonderlasten wie eine Vertragsstrafe für den plötzlichen Ausstieg aus einem Atom-Joint-Venture und eine Krebstherapie, die sich nicht so schnell so gut verkaufte wie erwartet, verschlechterten im Sommer die Ergebnisse bei **Siemens**. Trotz bester Auftrags- und Umsatzlage (rund 73,5 Milliarden Euro Umsatz (ohne Osram) im Geschäftsjahr 2010/2011) war der erzielte Gewinn darum mau. Vorstandschef Peter Löscher gab sich hinsichtlich der zukünftigen weltwirtschaftlichen Lage zuletzt skeptisch. (5)

Beim niederländischen Konkurrenten **Philips** laufen die Geschäfte bereits schlecht, nachdem 2010 ein Umsatz von rund 25,4 Milliarden Euro erreicht wurde. Der Konzern sah sich zuletzt gezwungen, 4 500 Arbeitsplätze abzubauen. Im dritten Quartal 2011 lag der Konzernumsatz im Vergleich zum Vorjahr um ein

Prozent niedriger Dabei gaben die Umsätze in Westeuropa und Nordamerika nach, in den aufstrebenden Staaten konnte Philips jedoch Wachstum verzeichnen. In Amsterdam ist man optimistisch, denn die Erwartungen waren noch schlechter gewesen. (6)

Die insgesamt schlechte Weltkonjunktur konnte **General Electric (GE)** bisher nicht viel anhaben, 2010 setzte das Unternehmen rund 110 Milliarden Euro um. Profitiert haben die US-Amerikaner jedoch wie so oft weniger von ihrem gewöhnlichen Geschäft in der Elektroindustrie, als vom Finanzgeschäft. Mit der Finanzsparte erzielte der Konzern ein Gewinn-Plus von 79 Prozent. Auch war die Steuersituation sehr vorteilhaft. (7)

Obwohl bei der Schweizer **ABB** die Auftragslage gegenüber 2010 leicht rückläufig ist, stieg der Umsatz im ersten halben Jahr 2011 um zehn Prozent. Das Problem lag nach Unternehmensangaben in einer verzögerten Auftragsvergabe. Für die Zukunft zeigt sich der Konzern daher zuversichtlich. Kunden aus der Fabrikausrüstung sorgten im zweiten Quartal 2011 für eine Gewinnsteigerung von fast 50 Prozent auf 893 Milliarden Dollar. ABB verbuchte 2010 einen Umsatz von rund 31,6 Milliarden US-Dollar. (8), (9)

Die **Deutsche Telekom** verliert zu Hause zwar weiterhin Kunden, macht jedoch durch bessere Margen den Verlust wieder wett. In Deutschland war der Profit besser als im Ausland. Belastungen durch Beamtenpensionen drücken dabei das tatsächliche Ergebnis erheblich. 2010 lag der Umsatz der Deutschen Telekom bei rund 62,4 Milliarden Euro. Gegenüber Vodafone (Geschäftsjahr 2010/2011 weltweiter Umsatz 45,9 Milliarden britische Pfund) und Telefónica (rund 63 Milliarden Euro Umsatz in 2010) liegt die Deutsche Telekom beim Wachstum allerdings 2011 zurück, weil die Konkurrenten eine starke Position in Schwellenländern wie Brasilien oder Indien aufweisen können. (10)

Vodafone möchte sich von den Mietkosten befreien, die es bisher an die Deutsche Telekom für die Teilnehmeranschlussleitungen im Festnetz zahlt. Diese betragen pro Jahr immerhin 500 Millionen Euro. Dazu versucht der weltgrößte Mobilfunkkonzern, möglichst viele DSL-Kunden vom Festnetz in das mobile LTE-Netz zu locken. Die Erlöse im Mobilfunk sind durch das sich verbreitende mobile Internet sehr hoch. (11)

Intel, Weltmarktführer im Halbleitermarkt, verkündete kürzlich ein neues Rekordquartal. Die Erlöse stiegen um fast 30 Prozent auf 14,3 Milliarden Dollar, noch mehr als erwartet. Auch der Gewinn lag mit 3,5 Milliarden Dollar höher als gedacht. Der Konzern profitierte vom Verkauf von Laptops, dem Großrechnergeschäft und schweren Lieferproblemen beim Konkurrenten **AMD**. (12)

Das letzte Quartal lief für den deutschen Chiphersteller **Infineon** überraschend schlecht. Nach vorläufigen Zahlen sanken die Umsätze im vierten Quartal des Geschäftsjahres von 1,043 auf 1,038 Milliarden Euro. Die drei ersten Rekordquartale sorgten jedoch für ein insgesamt sehr erfolgreiches Geschäftsjahr. Das Unternehmen erwartet für die Zukunft schlechtere Geschäfte. Im abgelaufenen Geschäftsjahr 2010/11 erzielte Infineon einen Umsatz von rund 4 Milliarden Euro und erreichte ein operatives Ergebnis von fast 800 Millionen Euro. (13)

IT-Dienstleister **IBM**, der 2010 einen Umsatz von knapp 100 Milliarden Dollar aufwies, verzeichnete im dritten Quartal steigenden Umsatz (plus acht Prozent) und Gewinn (plus sieben Prozent). Besonders in den Schwellenländern lief das Geschäft glänzend. Trotzdem zeigte sich die Börse nach Bekanntgabe der Zahlen kritisch, der Aktienwert sank. Anleger hatten noch mehr Gewinn erwartet. (14)

Mit einem Umsatz von zuletzt 126 Milliarden Dollar ist **Hewlett-Packard** der weltgrößte IT-Konzern. Zukäufe im Bereich Software und IT-Dienstleistungen hatten den Konzern zwar an Erzrivale IBM vorbeikatapultiert, derzeit fehlen allerdings noch überzeugende Strategien zur Einbindung der einzelnen Unternehmensteile. (32)

Beschäftigung: ITK stellt ein und sucht weiter Fachkräfte

Die ITK-Branche erlebt weiterhin einen Fachkräftemangel. Spezialisten sind gefragt. Es wird viel eingestellt: Voraussichtlich werden in diesem Jahr insgesamt 10 000 Arbeitsplätze hinzukommen. Damit wird die Branche 858 000 Personen beschäftigen. In der Elektroindustrie arbeiten derweil aktuell 834 000 Mitarbeiter. (3), (15)

Ausgewählte Teilbereiche

Consumer Eletronics: Alles vernetzt

In der Konsumelektronik dreht sich die Welt um die Verschmelzung von TV und Internet, 3D und HD, Tablets, Smartphones und Apps. Alles wird miteinander verknüpft und drahtlos oder drahtgebunden vernetzt. (16)

Das Internet gibt es zunehmend auch auf dem Fernseh-Bildschirm. TV-Apps sollen das Angebot verbessern. Über HbbTV werden Fernsehsendungen mit programmbegleitenden Internetinhalten verknüpft. Die Steuerung erfolgt mit Hilfe von Smartphones oder Tablets. Die Kommunikation findet drahtlos über Heimvernetzung statt. Für das Jahr 2012 werden in Deutschland zehn Millionen internetfähige Fernsehgeräte erwartet. Auch sehen Verbraucher nicht mehr nur auf dem TV-Bildschirm fern, sondern nutzen die Programm zunehmend per PC (31 Prozent der Zuschauer in Deutschland), Laptop (28 Prozent), Smartphone oder Tablet (10 Prozent). Der Erfolg der CE-Branche wird zukünftig davon abhängen, wie klug sie ihre Endgeräte mit Inhalten verbindet und wie erfolgreich die Zusammenarbeit zwischen Hardware- und Content-Unternehmen laufen wird. (16), (17)

Seit dem vergangenen Jahr sind Tablet-Rechner auf dem Höhenflug. Ausgelöst und angeführt von Apples iPad, hat sich ein riesiger Markt mit unzähligen Gerätemodellen entwickelt. Zum iPad wie zum Smartphone gehören die Apps, deren Zahl in die Hunderttausende geht. Im Heimnetzwerk lagern inzwischen auch Musik- und Videosammlungen und können an jedes verbundene Gerät in Haus und Garten übertragen werden. 3D-TV soll billiger werden und außerdem möglichst ohne spezielle Shutterbrillen auskommen. Bisher ist das noch Zukunftsmusik. Nur in Japan gibt es bereits serienmäßig gefertigte, aber äußerst teure Geräte. (16) Auch Kameras und Camcorder bieten fast schon standardmäßig 3D und

HD. (16)

Hausgeräte: Vernetzt und sparsam

2011 wird der Markt für Elektrogroßgeräte voraussichtlich um zwei bis drei, der für Elektrokleingeräte um etwa vier Prozent wachsen. Auch hier ist Heimvernetzung das Thema. Das Potential ist riesig. 50 Elektrogeräte pro Haushalt "warten" noch auf Vernetzung. Geräte werden an das Internet angeschlossen und so stets mit der neuesten Software versorgt. Eine einfache Bedienung steht ebenso im Vordergrund wie die Effizienz beim Strom- und Wasserverbrauch. Küchen werden mit immer neuen komfortablen Geräten versorgt, die das Kocherlebnis verbessern sollen. Dasselbe gilt im Beauty- und Pflegebereich. Kochshows hier und Beauty-Themen sowie Model-Casting dort treiben das Geschäft an und sorgen für ein immer differenziertes Produktangebot. Die Frage ist, ob Verbraucher das alles wirklich brauchen. (17), (18), (19)

Elektrohausgeräte werden immer sparsamer im Verbrauch von Energie und Wasser. Hinsichtlich des Verbrauchs lohnt sich weiterhin vor allem der Ersatz alter Geräte durch neue, effizientere. Es bleibt jedoch auch zu beachten, dass sowohl beim Bau als auch bei der Entsorgung von Elektrohausgeräten Energie und

Wasser in erheblichem Maße verbraucht werden. Insofern ist nicht jede Neuanschaffung grundsätzlich von Vorteil für die Umwelt. Ebenso muss sich verbraucherseitig die Investition in neue Geräte zunächst durch die Einsparungen beim Verbrauch amortisieren. (19)

Mobilfunk: Apple und Google treiben das Geschäft an

Apple und Google begeistern weiter ihre Kunden. 68 Prozent des Tablet-Markts wird derzeit von Apple bedient, und Googles Betriebssystem Android läuft auf 27 Prozent aller Tablet-Computer. Die meisten Apps werden für die Systeme dieser beiden Konzerne produziert, so dass andere Hersteller es immer schwerer haben, zu konkurrieren. Durch die proprietären Apps können sich die Marktführer leicht abschotten. (20)

Research in Motion (RIM), mit seinen Blackberrys einst Pionier im Smartphone-Markt, schwächelt inzwischen deutlich. Weder die Blackberry-Geräte noch das Playbook konnten viele Kunden begeistern. Zwischen April und Juni brach der Gewinn um 47 Prozent ein, der Umsatz fiel um neun Prozent. Am Aktienmarkt sackte RIM erneut ab. Das Unternehmen setzt nun auf die kommende

Gerätegeneration und hofft, im dritten Quartal mit seinen neuen, mit Touchscreen und neuem Betriebssystem namens QNX ausgestatteten Smartphones punkten zu können. Im Tablet-Markt hat RIM einen Anteil von nur 4,9 Prozent. In Deutschland spielen Produkte von RIM eine noch geringere Rolle als weltweit. (20)

Automation: Sensorik und Messtechnik stabil auf Wachstumskurs

In der elektrischen Prozessautomation geht es weiter aufwärts. Das Auftragswachstum wird dieses Jahr voraussichtlich bei 15 Prozent liegen und damit besser sein als 2008. (28)

Die Bereiche Sensorik und Messtechnik zeigten im ersten Quartal 2011 ein Umsatzwachstum von 15 Prozent, im zweiten von einem Prozent. Für das laufende Quartal werden vier Prozent erwartet. Beide Bereiche gelten als Innovationstreiber für andere Industriezweige. Sie sind ein guter Beleg dafür, dass Wirtschaft nicht in der Finanzbranche gemacht wird. Zukunftstechnologien und damit die Entwicklung des Standortes Deutschland werden wesentlich davon mitbestimmt. (21)

IT-Hardware: Lenovo jetzt vor Dell

HP ist weiterhin Marktführer unter den PC-Herstellern. Neu ist die Nummer zwei: Die chinesische Lenovo hat sich diesen Platz kürzlich erkämpft und damit Dell auf Rang drei verwiesen. Dabei profitierten die Chinesen von Zukäufen, etwa des Aldi-Lieferanten Medion. Lenovos Marktanteil liegt derzeit bei 13,5 Prozent, HP hält 17,7 Prozent. Der Markt selbst wird laut Gartner 2011 voraussichtlich um 3,8 Prozent wachsen. Vorher hatten die Marktforscher knapp zehn Prozent erwartet. 2010 lag Lenovo noch auf Platz vier, hinter Hewlett-Packard, Acer und Dell und vor Toshiba. (22), (23), [Abb.2]

Internet: Sicherheit und Kriminelle

Privathaushalte sind voll von elektronischen internetfähigen Geräten. Etwa 25 Prozent der Nutzer besitzen aktuell mindestens fünf, 60 Prozent wenigstens drei. Surfen, E-Mails austauschen und Soziale Netzwerke stehen dabei im Mittelpunkt. Den auf den Geräten gespeicherten Daten rechnen deren Nutzer weltweit einen sehr hohen, nämlich fünftstelligen Wert bei - trotzdem sind sie oft nicht ausreichend gesichert. Nur sieben Prozent nutzen eine Schutzsoftware, 36 Prozent haben diese nur auf einem Teil ihrer Geräte installiert. Handy, Smartphone und Tablet werden in Sicherheitsfragen am häufigsten vergessen. Der Verzicht auf Schutzsoftware wird in der Regel mit zu hohen Preisen begründet. (24)

Aber es braucht kein einziges internetfähiges Gerät, um Opfer von Cyberkriminalität zu werden. Datendiebstahl ist ein großes Problem. Und seit einiger Zeit sind Hotels und Gaststätten ein bevorzugtes Ziel der Datendiebe. 40 Prozent der Datenverluste geschehen in dieser Branche. Für die Cyberkriminellen sehr günstig: Diese Firmen speichern Namen ihrer Gäste aus den letzten Jahren, oft samt Adresse, Anschrift, e-Mail-Adresse, Telefon-, Handy-, Personalausweis und Kreditkartennummern. Die Sorglosigkeit der Unternehmen kommt ihnen zugute. Viele kleinere Unternehmen haben schlicht kein Sicherheitskonzept, schulen Mitarbeiter viel zu wenig und sind so Angriffen viel hilfloser ausgesetzt als etwa Großkonzerne wie Rewe, Penny oder Sony, über deren Datenverluste in den Medien ausführlich berichtet wurde. (25)

Trends

Die aktuellen Trendthemen bleiben Cloud Computing und mobiles Internet. Die Zahl der Nutzer mobiler

Internetinhalte steigt rapide. Online geht man in Deutschland vor allem mit dem Smartphone, seltener mit dem Tablet-Computer. Die Hardware wird von Apple dominiert, bei den Betriebssystemen ist Android von Google, das auf Geräten mehrerer Hersteller läuft, jedoch stärker. (26)

Cloud Computing hat sich in Deutschland inzwischen etabliert. Der Branchenverband Bitkom schätzt, dass der deutsche Markt für Cloud Computing von rund 1,1 Milliarden Euro in 2010 auf 8,2 Milliarden im Jahr 2015 anwachsen wird. In der Branche ist man überzeugt, dass das Konzept die IT-Welt in Zukunft prägen wird. Die große Hoffnung unter Anwendern ist eine erhebliche Effizienzsteigerung und Kosteneinsparungen. Am wichtigsten ist jedoch die Sicherheit, wenn man seine Daten anderen Unternehmen zur Aufbewahrung anvertraut. (27)

Zahlen & Fakten

Abbildung 1: BRICS-Staaten sorgen für Export-Wachstum

	Veränderungen ggü. Vorjahr	
Exportziel	2011*/2010	2010/2009
Europa	7	22
USA	19	22
Welt	9	23
BRIC	23	25
Brasilien	10	54
China	24	44
Russland	27	17
Südafrika	15	17
Indien	28	9

GBI-Genios-Grafik

in Prozent * Januar - August 2011 entnommen aus: ZVEI Außenhandelsreport Oktober 2011 (2) Quelle: Destatis und ZVEI-eigene Berechnungen

Abbildung 2: Hewlett-Packard vorn

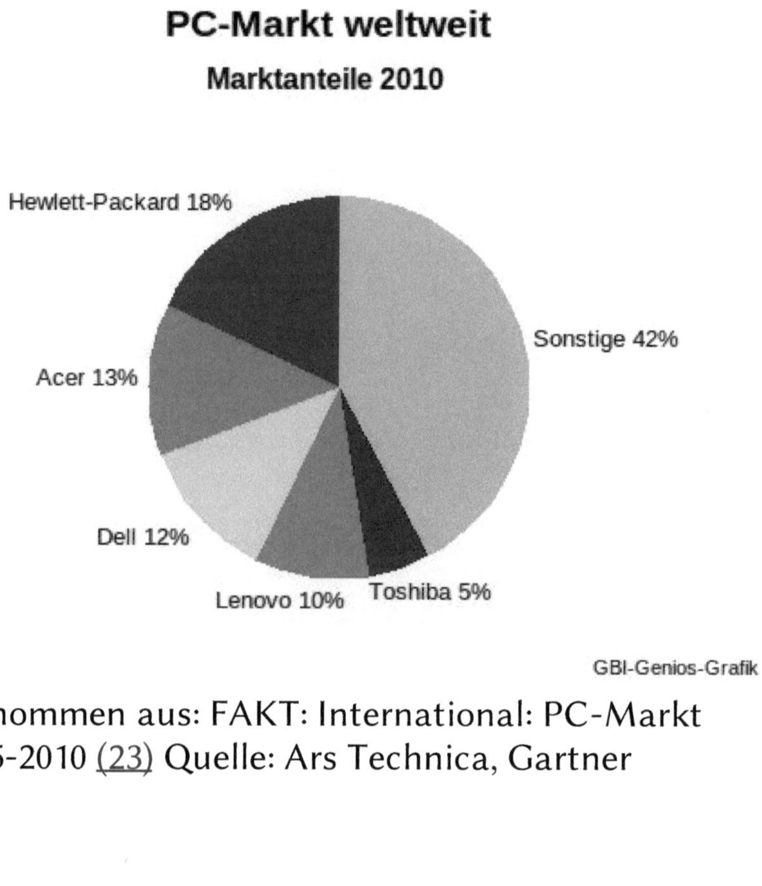

entnommen aus: FAKT: International: PC-Markt 1975-2010 (23) Quelle: Ars Technica, Gartner

Weiterführende Literatur

(1) ZVEI Konjunkturbarometer
aus GENIOS BranchenWissen Nr. 09 vom 20.09.2011

(2) ZVEI Außenhandelsreport
aus GENIOS BranchenWissen Nr. 09 vom 20.09.2011

(3) ITK-Branche in bester Konjunkturlaune

aus COMPUTER-INFORMATIONS-DIENST vom 23.September 2011

(4) Mobilität und Cloud Computing sind die IT-Wachstumstreiber
aus VDI NR. 40 VOM 07.10.2011 SEITE 7

(5) Siemens-Gewinn bricht ein
aus VDI NR. 40 VOM 07.10.2011 SEITE 7

(6) Elektronikkonzern Philips streicht 4500 Arbeitsplätze
aus Frankfurter Allgemeine Zeitung, 18.10.2011, Nr. 242, S. 13

(7) GE stellt sich auf volatilere Weltwirtschaft ein
aus Frankfurter Allgemeine Zeitung, 22.10.2011, Nr. 246, S. 15

(8) Weniger Aufträge für ABB
aus Frankfurter Allgemeine Zeitung, 16.09.2011, Nr. 216, S. 15

(9) Elektrokonzern ABB steigert Gewinn
aus Frankfurter Allgemeine Zeitung, 16.09.2011, Nr. 216, S. 15

(10) Lähmender Personalabbau
aus Frankfurter Allgemeine Zeitung, 16.09.2011, Nr. 216, S. 15

(11) Vodafone will sein Festnetz ersetzen
aus Handelsblatt online vom 19.08.2011

(12) Intel eilt von Rekord zu Rekord
aus Handelsblatt online vom 19.08.2011

(13) Infineon senkt seine Prognose für das laufende Quartal
aus Handelsblatt online vom 19.08.2011

(14) Gute IBM-Zahlen überzeugen Anleger nicht
aus Handelsblatt online vom 19.08.2011

(15) ZVEI Stabiles Wachstum in der Elektroindustrie
aus www.elektrotechnik.de vom 10.10.2011

(16) Trends der Consumer Electronics 2011
aus www.elektrotechnik.de vom 10.10.2011

(17) Heimvernetzung als Milliarden-Markt
aus ITBN Nr. 016 vom 15.08.2011

(18) IFA-Bilanz: Branche freut sich aufs Weihnachtsgeschäft
aus COMPUTER-INFORMATIONS-DIENST vom 10.September 2011

(19) Trends bei den Elektrohausgeräten 2011
aus COMPUTER-INFORMATIONS-DIENST vom 10.September 2011

(20) Blackberrys werden zu Ladenhütern
aus Frankfurter Allgemeine Zeitung, 17.09.2011, Nr. 217, S. 17

(21) AMA Fachverband
aus Elektrotechnik Nr. 010 vom 18.10.2011 Seite 010

(22) Chinesischer Hersteller Lenovo ist erstmals Nummer zwei
aus COMPUTER-INFORMATIONS-DIENST vom 17.Oktober 2011

(23) International: PC-Markt 1975-2010
aus Frankfurter Allgemeine Zeitung, 11.08.2011, S. 15

(24) Sorglose Internetnutzer
aus CIO - IT-Strategie für Manager, Meldung vom 04.11.2011

(25) Im Griff der Cyberkriminellen
aus CIO - IT-Strategie für Manager, Meldung vom 04.11.2011

(26) Mobiles Internet - Apple und seine Verfolger
aus GENIOS BranchenWissen Nr. 10 vom 26.10.2011

(27) Ein Stück IT-Geschichte
aus Computerwoche, 24.10.2011, Nr. 43

(28) Aus der Industrie
aus VDI NR. 42 VOM 21.10.2011 SEITE 12

(29) Südamerika ist der aufstrebende Markt für Unterhaltungselektronik
aus de.init.bfai.fachdb.model.Mkt

(30) Rohstoffgipfel in München Rohstoffversorgung wird zur Chefsache
aus Markt & Technik, Heft 31/2011, S. 1

(31) Elektronikbranche prophezeit starken Preiskampf

aus Markt & Technik, Heft 31/2011, S. 1

(32) Vom Innovator zum Imitator
aus WirtschaftsWoche NR. 039 vom 26.09.2011 Seite 018

Impressum

Branchenreport IT, ELEKTRONIK, TELEKOMMUNIKATION Ausgabe 2/2011

Bibliografische Information der deutschen Nationalbibliothek

Die Deutsche Nationalbibliothek verzeichnet diese Publikation in der deutschen Nationalbibliografie; detaillierte bibliografische Daten sind im Internet über http://dnb.d-nb.de abrufbar.

ISBN: 978-3-7379-1923-4

Vervielfältigungen (Fotokopie/Mikroskopie), Übersetzungen, Auswertungen durch Datenbanken oder ähnliche Einrichtungen und die Einspeicherung und Verarbeitung in elektronischen Systemen.